# FUNÉRAILLES

DE

## M. DANIEL LE GRAND

Le 19 mars 1859

A FOUDAY, AU BAN-DE-LA-ROCHE (BAS-RHIN).

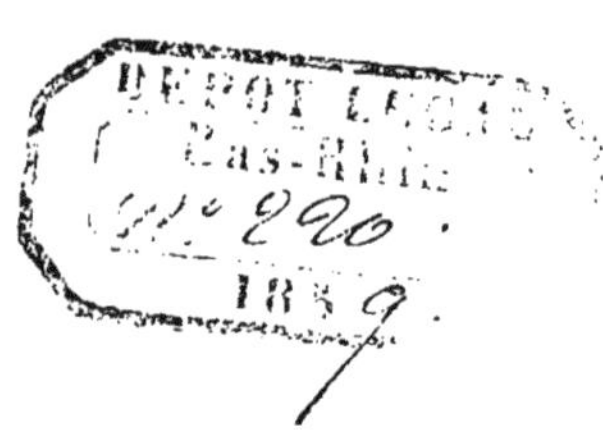

STRASBOURG

TYPOGRAPHIE DE G. SILBERMANN, PLACE SAINT-THOMAS, 3.

1859

# FUNÉRAILLES

DE

# M. DANIEL LE GRAND.

Le samedi 19 mars 1859, ont eu lieu à Fouday (Ban-de-la-Roche) les funérailles de M. Daniel Le Grand, l'un des amis et des collaborateurs les plus chers du vénérable Oberlin, à côté duquel il repose.

Avant de se rendre à l'église et au cimetière, toute la famille du défunt et de nombreux amis, venus du dehors, s'étaient réunis dans la maison mortuaire.

Le cercueil avait été déposé devant la maison, sur un lit de verdure, et une députation de jeunes filles et d'élèves des écoles enfantines, portant des couronnes de verdure à la main et venues de toutes les communes de l'ancienne paroisse d'Oberlin, se tenaient auprès, avec les instituteurs.

Au moment où le cortége allait se mettre en marche, M. le pasteur Bühlmann, de Rothau, adressa à la famille réunie et aux amis qui se trouvaient dans l'appartement, les paroles suivantes :

La grâce de notre Seigneur Jésus-Christ, l'amour de Dieu le Père, et la communion du Saint-Esprit, soient avec nous tous.



Il a plu à notre Seigneur et à notre Dieu d'appeler à lui, après une vie blanchie à son service, le vieillard bien-aimé auquel nous allons rendre maintenant les devoirs funèbres ; et je dois, d'après le désir exprimé par la famille en deuil, prononcer ici quelques paroles de consolation et de chrétienne sympathie.

Aussi bien, chers frères, qu'il est aisé de prononcer ces paroles, puisqu'elles se lisent dans tous nos cœurs. Qui n'a donc aimé ce cher M. Le Grand ? En l'écoutant, qui n'a rendu hommage à sa piété fervente, à son ardente charité ? Et maintenant, qui n'est tenté de dire à la famille en deuil ces paroles d'un apôtre : « Vous n'êtes pas de ceux qui sont sans espérance, par rapport à celui qui est mort ; car si vous croyez que Jésus est mort et qu'il est ressuscité, vous devez croire aussi que Dieu ramènera par Jésus celui qui est mort, afin qu'il soit avec lui » (1 Thess., IV, 13, 14). Oui, telles sont bien les paroles qui conviennent en cette circonstance, car tel était notre cher défunt. C'est de lui que l'on peut dire en toute vérité ce que l'apôtre saint Paul disait : « La charité de Christ nous presse » (2 Cor., V, 14). D'où, en effet, cette ardeur, ce zèle, ces travaux, ces veilles, presque jusqu'au bord du tombeau, si ce n'est de cet amour pour Christ ? D'où cette sainte jalousie pour tout ce qui est grand, noble, généreux, si ce n'est du désir de travailler à la gloire de son maître ? Quel cœur toujours jeune, jeune de foi, d'espérance et de charité, dans ce corps déjà rassasié de jours !

Ah! puisqu'il est écrit que « la mémoire du juste demeure en bénédiction, » puisse celle de ce vénérable père le demeurer en particulier au milieu de vous, chers et bien-aimés membres de la famille, afin que se vérifie pour vous ce que Dieu dit : « Je ferai miséricorde jusqu'en mille générations à ceux qui m'aiment et qui gardent mes commandements » (Exode XX, 6).

Mais pour nous aussi, chers frères et amis, puisse la vie de notre cher M. Le Grand être en salutaire exemple à la nôtre : non pas pour nous y arrêter, mais afin de nous élever par elle, lorsque nous l'aurons contemplée, jusqu'à la vie de celui qui a été comme le centre, comme l'âme de la vie de notre cher défunt : je veux dire jusqu'à celle de Jésus, de Jésus que Dieu, dans son amour ineffable, nous a donné, vers lequel il nous tire par le Saint-Esprit, et dans lequel il nous promet la Rédemption par son sang, savoir la rémission des péchés (Col. I, 14).

Oui, élevons-nous jusque-là, ne nous lassons pas de nous y élever. Là seul est la vie, là seul la paix, là seul la consolation !

Je voudrais, mes frères, que maintenant que nous allons nous recueillir autour de la Parole de Dieu, nous pussions, afin de bien l'écouter, rester sur ces sublimes hauteurs. Demandons-le ensemble avec foi :

O Dieu, notre bon Père céleste, toi qui, par Jésus, as mis en évidence la vie et l'immortalité, recueille-nous par ton Saint-Esprit, pour que nous goûtions les douceurs de cette vie et que nous recevions les arrhes de cette immortalité. Et quand tu nous verras recueillis, maintiens alors, par la puissance de ton Saint-Esprit, notre attention, de manière que nous soyons édifiés sur notre très-sainte foi et que, par la prédication de ta parole, nous trouvions en toi lumière, force et consolation. En particulier, Seigneur, Dieu de toutes consolations, nous te demandons ces grâces pour ceux que tu revêts de deuil aujourd'hui. Fais leur bien apprécier le bienfait inestimable que tu leur as accordé, de conserver si longtemps leur père bien-aimé. Qu'ils se réjouissent à la pensée de le savoir maintenant au nombre de tes élus. Montre-leur la mort anéantie pour ceux qui croient. Agis, en un mot, Seigneur, selon les richesses ineffables de ta grande miséricorde et apprends-nous à dire du fond de nos cœurs à toutes tes dispensations: Amen, par Jésus-Christ, Amen!

Après ce discours, toute l'assemblée se réunit autour du cercueil, et les jeunes filles chantèrent en chœur, avec les instituteurs, les deux strophes suivantes :

Je vais enfin quitter la terre,
Je vais enfin monter aux cieux ;
Là tout est paix, tout est lumière,
Là tout est pur et glorieux.
Ne pleurez pas sur moi, mes frères ;
Soyez heureux de mon départ :
Loin du péché, loin des misères,
Je vais saisir la bonne part.

Je vais aussi crier: Victoire !
Et partager leurs saints transports ;
Je vais aussi, vêtu de gloire,
Unir ma voix à leurs accords.
Laissez-moi donc, pesantes chaînes,
Chair de péché, tombe et finis :
Travaux, douleurs, terrestres peines,
C'est pour toujours que je vous fuis.

Ce chant terminé, le cortége se mit en marche pour se rendre à l'église, où s'étaient déjà réunies une foule de personnes, accourues de tous les villages du Ban-de-la-Roche et du voisinage. Le cercueil fut déposé devant l'autel, et après le chant d'un cantique et une prière, M. le pasteur Charles Witz, de Waldersbach, petit-fils et successeur d'Oberlin, donna lecture, selon l'usage, d'une courte notice biographique sur le défunt, conçue en ces termes :

Nous sommes réunis en ce saint lieu pour déposer en terre les dépouilles mortelles de Daniel, fils de Jean-Luc Le Grand, de Bâle, ancien directeur de la république helvétique, et de Rosine, née Lindenmeyer ; il naquit audit lieu le 28 novembre 1783 , et fut baptisé le 5 décembre par le pasteur Burkhardt, à l'église de Saint-Pierre, à Bâle.

Il passa son enfance dans la maison paternelle, fréquentant d'abord les écoles de sa ville natale, puis l'institut de Reichenau et le collége de Neufchâtel. A l'âge de dix-sept ans, il rejoignit son père à Bâle et s'occupa d'affaires industrielles. En 1804, il transporta à Saint-Morand, près d'Altkirch, la fabrication des rubans et y séjourna pendant dix ans.

Par des circonstances providentielles, M. Luc Le Grand père fut amené en 1813 à s'établir au Ban-de-la-Roche, avec ses fils Daniel et Frédéric, qui se fixèrent à Fouday, où ils demeurèrent jusqu'à leur départ de ce monde, qui s'effectua à la petite distance de deux années à peine.

Le 31 mars 1819, notre défunt épousa Adèle-Élise Scherer, de Landau. De ce mariage sont issus huit enfants, dont les deux aînées moururent en bas âge.

Après vingt-trois années d'un bonheur intime, résultant de l'union de deux âmes éclairées dès ici-bas d'un reflet d'en haut, notre cher défunt eut la douleur d'être séparé de sa fidèle compagne, qui mourut, à peine âgée de quarante et un ans, le 8 mai 1842, d'une maladie analogue à celle qui a provoqué son propre départ. Mercredi dernier, le 16 mars, vers six heures du soir, le Seigneur l'a rappelé à lui, à l'âge de soixante-quinze ans, trois mois et dix-huit jours, laissant six enfants et onze petits-enfants.

A cette simple nomenclature de dates et de noms, j'éprouve le besoin, comme ancien ami filial de notre vénéré défunt, de rendre publiquement un témoignage chrétien à ce disciple de Christ, si sévère envers lui-même et cependant si indulgent pour tous, donnant toujours l'interprétation la plus favorable aux actions du prochain et couvrant du voile de la charité ce qu'il ne pouvait excuser. Joignant à une indépendance de caractère vraiment helvétique la plus profonde humilité du chrétien, son nom, depuis longtemps inséparable de celui d'Oberlin, attirait les amis des contrées les plus éloignées, qui aimaient à venir s'asseoir à son foyer hospitalier, pour y jouir des effusions de son cœur aimant. Ayant une charité inépuisable, il fut préoccupé, jusque dans les dernières heures de sa maladie, de pensées d'amour, dont il nous restera, comme le plus précieux souvenir, la fondation de nos écoles enfantines, créées dès 1844, pour servir à l'éducation chrétienne de l'enfance de toute la paroisse. Je signalerai encore avec bonheur la fidélité scrupuleuse avec laquelle il fréquentait le service divin; quoique avancé en âge, aucune saison, ni le temps le plus défavorable ne pouvait l'arrêter, ayant à cœur d'amener tout le monde, par son persévérant exemple, à expérimenter aussi la valeur de cette promesse du Seigneur : « Là, où deux ou trois sont réunis en mon nom, je suis au milieu d'eux. » Sa mort nous laisse un vide profond, parce que sa vie a été sanctifiée par la foi en Jésus-Christ. Que le souvenir de cette foi soit en bénédiction à sa famille et à nous tous ! Ainsi soit-il !

Après la lecture de cette notice, M. Witz prononça
le discours suivant :

**Jean III, 16, 17.**

Dieu a tant aimé le monde qu'il a donné son Fils unique, afin
que quiconque croit en lui ne périsse point, mais qu'il ait la vie
éternelle. Car Dieu n'a point envoyé son Fils au monde pour condamner le monde, mais afin que le monde soit sauvé par lui.

Les remarquables paroles de la Sainte-Écriture dont je
viens de vous faire lecture, devaient nécessairement servir
de texte au discours que nous avons à prononcer pour faire
nos adieux à notre vénéré frère ; car ce témoignage de l'a-
mour de Dieu, manifesté en Jésus-Christ, notre Sauveur
bien-aimé, était continuellement dans sa bouche. Une véritable extase de bonheur illuminait ses traits lorsqu'il
parlait du Sauveur, qui a donné sa vie en rançon pour la
nôtre.

Dieu a tant aimé le monde qu'il a donné son Fils unique,
afin que quiconque croit en lui ne périsse point, mais
qu'il ait la vie éternelle !

En face de cette nouvelle par excellence, qui s'étonne-
rait du prodigieux effet qu'elle a produit dans tous les
siècles sur le cœur de ceux qui ont eu le bonheur de la
saisir dans toute sa profondeur.

Cet Évangile n'est-il pas la source de notre salut? Et
peut-on s'étonner qu'une âme aimante, comme était celle
de notre vénéré défunt, convaincu de la vie nouvelle que
produit la foi en Christ et pénétré lui-même de la vie que
nous a apportée Christ, ait été animée d'une ardeur infa-
tigable à répandre des imprimés en tous pays, pour appeler
l'attention des petits et des grands sur cet amour ineffable
de Dieu? Feuilles volantes, qui devaient porter dans les

contrées les plus éloignées un solennel témoignage à la gloire du Sauveur.

Qui pourra s'étonner de l'ardeur fiévreuse même qu'il mettait à ses expéditions, ayant hâte, aux approches surtout de son départ d'ici-bas, de glorifier encore par ce moyen celui en qui il avait été si heureux de trouver paix et salut, pardon et réconciliation!

C'est parce qu'il avait expérimenté lui-même le bonheur incomparable qui prouve, dès ce monde, la venue sur terre du Fils unique de Dieu, et qu'il pressentait la félicité, encore beaucoup plus grande, préparée dans le ciel à quiconque croit en Christ, qu'il lui importait de rendre témoignage de cette félicité assurée en Jésus-Christ. Il avait à cœur de provoquer dans tous les rangs de la société moderne si attiédie à l'égard de la foi, un désir nouveau de connaître la vérité. Il allait à la rencontre des vaines objections que l'esprit blasé de l'homme incrédule aurait pu faire, dans l'intention de se dispenser, comme le lâche Pilate, de la recherche de la vérité, et posait hardiment, en tête de ses milliers d'imprimés, la vaste question: Qu'est-ce que le christianisme? et y répondait avec cette force et cette concision que donne une inébranlable conviction, par le nom solennel devant lequel tout genou devra fléchir, dans le ciel et sur la terre; par le nom de celui qui est venu au monde afin que quiconque croit en lui ne périsse point, mais qu'il ait la vie éternelle; nom sublime, nom divin, qui tranche toute difficulté, par l'océan d'amour qu'il déverse sur tous ceux qui l'accueillent dans leur cœur.

Qu'est-ce que le christianisme? — C'est Jésus-Christ!

Réponse simple et profonde qui satisfait les humbles d'esprit comme les vastes génies; car cette réponse résout en un seul mot aussi clair que précis, avec l'incontestable autorité de la Parole de Dieu, le plus difficile problème qui ait agité le monde depuis dix-huit siècles.

Chacun sent qu'il faut nécessairement que Dieu haïsse le péché; comment dès lors pouvoir être assuré qu'il nous aime, pauvres pécheurs que nous sommes, à moins que satisfaction n'ait été faite de nos péchés, qui ne peuvent qu'attirer sur nous le courroux de Dieu? Il faut donc que le sang de Christ intervienne, afin d'apaiser Dieu en notre faveur, et pour que l'effusion de son amour paternel parvienne jusqu'à nous et se répande sur nous.

C'est cet amour infini de Dieu qui l'a porté à livrer son Fils unique à la mort; c'est ce don de son Fils qui nous est une si ferme garantie de notre réconciliation. Notre appui assuré est donc la croix de Christ, où se révèle à nous, dans toute son insondable charité, le cœur de Dieu rempli d'amour. La mort de Christ, l'aspersion de son précieux sang, est le gage éternel de l'amour de Dieu.

Dieu nous a tant aimés que même il n'a point épargné son Fils unique par amour pour nous, afin que quiconque croira en lui ne périsse point.

Quand même, à cause de la chute de nos premiers parents et à cause de notre propre révolte contre Dieu, nous semblions voués à la mort, néanmoins délivrance certaine nous est offerte dans la foi en Jésus-Christ, la mort de Christ nous délivrant des frayeurs de la mort éternelle. Notre frère avait bien saisi la pensée du Seigneur, qui n'exclut personne, puisqu'il est écrit que Dieu a tant aimé le monde qu'il a donné son Fils unique, afin que quiconque croira en lui ne périsse point, mais qu'il ait la vie éternelle.

Par ce terme général de « quiconque » sont conviés tous les hommes sans distinction de race et d'origine; tous les descendants d'Adam sont invités à participer à la vie nouvelle qui leur est offerte, pourvu qu'ils viennent à Christ et qu'ils croient en lui.

Mais c'est là que commence la séparation! C'est que

tous n'acceptent pas ce message de réconciliation ; et comme dans le désert, un grand nombre d'Israélites, mordus par les serpents brûlants, périrent parce qu'ils ne crurent point à la Parole de l'Éternel que leur apportait Moïse, et qu'ils ne regardèrent point vers la colline sur laquelle était dressé l'emblème de la croix et était élevé le serpent d'airain, ainsi, sous la nouvelle alliance, dans le désert de ce monde, périssent un grand nombre d'appelés, qui se refusent à recevoir le témoignage évangélique, tandis que tous ceux qui reçoivent dans leur cœur la prédication de la croix, telle qu'elle nous est faite dans l'Évangile du Sauveur, seront délivrés de la condamnation éternelle et faits héritiers de la vie éternelle, Christ ayant satisfait pour nos péchés par son sacrifice et sa mort, pour que tout obstacle qui nous fermait la porte des cieux fût levé et que rien ne nous empêchât plus de pouvoir être reconnus pour les enfants de Dieu.

Quiconque embrasse Christ par la foi, jouit aussi de la vie de Christ, avec l'efficace de sa mort et le fruit de sa résurrection, le sang du Fils de Dieu nous lavant de nos péchés, et par ce don gratuit nous réputant justes devant Dieu, le Fils unique de Dieu nous régénérant par son Esprit, afin que la justice de Dieu prenne vie et efficace en nous.

En Jésus-Christ, qui a été fait malédiction pour nous, sont donc abolies la malédiction et la mort éternelle, pour tous ceux qui croient. Par la Rédemption de Christ, nous sommes arrachés à la mort ; par Jésus-Christ nous recouvrons la vie et le salut.

En présence d'une si bienfaisante doctrine, nul ne s'étonnera de l'activité que mettent à la répandre ceux qui l'ont vraiment saisie : nul homme qui a du cœur ne pouvant rester froid à la vue du grand nombre qui périt faute de la connaître.

C'est là ce qui donne la vie à toutes nos sociétés religieuses, formées pour répandre la Parole de Dieu et la bonne nouvelle de la venue au monde du Fils de Dieu, pour sauver quiconque croit en lui. C'est là ce qui donnait tant d'ardeur à notre vénéré frère, pour soutenir les sociétés chrétiennes de ses prières et de ses dons généreux; car la charité de Christ le pressait; il était pénétré du vivant reflet de cet amour du Sauveur, qui nous a aimés le premier; amour que ce cher Sauveur répand dans le cœur de ses fidèles par son Esprit saint, afin de les rendre capables aussi de le suivre dans la voie du renoncement et du sacrifice.

Sans doute que les enfants de Dieu, quoique sous l'influence de l'Esprit d'en haut, ne sont point encore pour cela des saints accomplis: on voit bien encore en eux les débordements du vieil homme, auquel le péché reste attaché; mais ces derniers efforts de l'inimitié contre Dieu ne sont plus que les dernières convulsions d'un ennemi vaincu; ce ne sont plus que les dernières étincelles d'un feu étranger qui s'éteint; ou plutôt ce sont les dernières obscurités, avant le plein lever du soleil; car une nouvelle création s'opère dans le cœur de l'homme qui se sépare du monde pour se donner à Christ. La vie naturelle, sur laquelle régnait le péché, périt, à mesure que Dieu crée en lui, par son Esprit, une vie nouvelle, dont le terme seulement est la perfection, et dont la voie est ouverte à tous, par la réconciliation avec Dieu, accomplie en Jésus-Christ!

Pénétré de l'affection que le cher défunt m'avait vouée dès ma naissance et qu'il m'a conservée et témoignée jusqu'à sa mort, je voudrais pouvoir parler avec force, comme il conviendrait en une pareille circonstance, afin de joindre à l'hommage dû au chrétien éminent que nous pleurons tous, un appel solennel à l'assemblée, pour supplier chacun de ceux qui sont ici présents, de marcher sur les traces de Jésus-Christ, que cherchait à glorifier de toute son âme celui qui vient de nous quitter; honorant la mémoire du défunt par l'attachement que nous vouerons au même Sauveur qu'il aima jusqu'à la fin ; Sauveur bien-aimé en qui jamais nous ne perdons ceux qui nous sont chers, car en Jésus-Christ la mort nous mène à la vie; aussi ceux qui meurent dans la foi en Jésus-Christ ne sont-ils pas séparés de nous pour longtemps, ils ne font que nous précéder dans un séjour de paix et de béatitude, où nous les rejoindrons, si nous aussi sommes fidèles jusqu'à la mort!

Que l'affliction de ce jour soit un appel à tous, parents, amis et assistants étrangers, pour nous porter à marcher avec ardeur sur les traces du Sauveur, afin de pouvoir rejoindre un jour ceux qui nous ont précédés dans le sentier de la foi, et pour pouvoir nous retrouver réunis en toute éternité dans les demeures du Sauveur, que nous voulons aimer et servir, comme l'ont aimé et servi les confesseurs fidèles qui ont regardé l'opprobre de Christ comme des richesses plus grandes que les trésors de ce monde.

Une voix de plus grande autorité que la mienne aurait dû pouvoir se faire entendre aujourd'hui en ce saint lieu, pour frapper avec force les consciences et ramener les âmes pénitentes aux pieds du Sauveur. C'est pourquoi la Parole de Dieu seule devra vous parler à ma place; et dans ce but il me suffira, si vous voulez le prendre à cœur, de vous répéter le passage de l'Écriture que notre cher défunt se faisait dire et redire avec une prédilection toute particulière; paroles de salut et de bénédiction, qui vous en diront plus que ce qu'aucun homme pourrait faire, si réellement vous les saisissez avec un cœur ouvert ayant faim et soif de salut :

« Dieu a tant aimé le monde qu'il a donné son Fils

unique, afin que quiconque croit en lui ne périsse point, mais qu'il ait la vie éternelle.»

Et le verset qui suit:

«Car Dieu n'a point envoyé son Fils au monde pour condamner le monde, mais afin que le monde soit sauvé par lui.»

Ce dernier verset est une énergique confirmation de celui qui le précède. Dieu n'a point envoyé son Fils pour détruire, mais pour conserver et sauver. Dans ces passages, comme dans tout l'Évangile, nous est clairement énoncé et expressément annoncé, que tous ceux qui croiront obtiendront salut par Christ. Il n'y a donc plus lieu pour personne d'être inquiet pour trouver un moyen d'éviter la mort éternelle, puisque la parole révélée de Dieu nous enseigne que Jésus-Christ nous en délivre et que tel a déjà été le conseil de Dieu dès l'origine de la chute de nos premiers parents, lorsque Dieu leur annonça que la semence de la femme écraserait la tête du serpent.

L'expression de « monde, » employée à plusieurs reprises dans ces deux passages si importants, est répétée à dessein par le Seigneur, afin que nul ne se pense exclu des promesses de grâce, afin que nul ne se pense rejeté, pourvu qu'il marche dans le sentier de la foi.

«Dieu n'a point envoyé son Fils pour condamner le monde: » cette déclaration expresse montre bien clairement le but de la venue du Sauveur. Point n'était besoin, en effet, que Christ vînt pour prononcer une sentence de condamnation, puisque nous étions déjà perdus. En notre qualité de pécheurs, nous étions déjà condamnés.

En nous envoyant son Fils unique, l'Éternel notre Dieu a voulu nous secourir efficacement tous, selon sa bonté infinie et selon ses compassions sans bornes, afin de nous sauver, pauvres condamnés perdus que nous étions tous! Lors donc que le poids de nos péchés nous pèse et nous fait gémir ; lorsque le démon voudrait nous porter au désespoir, couvrons-nous sans crainte du bouclier de la foi , appuyons-nous avec confiance sur cette assurance bénie : Que Dieu ne veut pas que nous soyons frappés de perdition éternelle, puisqu'il a envoyé son Fils au monde pour être le salut du monde. Jésus-Christ nous est présenté, dans quelques autres endroits de la Sainte-Écriture, comme une pierre de chute à plusieurs ; il y est parlé de l'effet nécessairement inévitable que produit la non-acceptation de son œuvre de Rédemption. La venue de notre Seigneur étant salutaire à tous ceux qui l'acceptent comme leur caution et garant, doit nécessairement maintenir, d'autre part, la condamnation des hommes qui rejettent ce propitiateur tout-puissant, et enlever tout espoir de salut à ceux qui repoussent la grâce offerte en lui.

Aux incrédules et aux pécheurs qui auront refusé de s'amender et de se charger de sa croix, notre Seigneur se montrera, au dernier jour à son avénement, comme un juge vengeur de l'ingratitude obstinée des créatures rebelles à Dieu. Les paroles de notre texte nous sont donc comme un miroir de l'Évangile, dans lequel nous voyons clairement de quelle manière l'Évangile de Christ, qui est la puissance de Dieu pour le salut de tous ceux qui croient, se tourne en condamnation contre les incrédules et les ennemis de Dieu. Nous y voyons clairement de quelle manière l'Évangile, qui est destiné à être pour les fidèles comme un acte authentique qui leur garantit le salut, est d'autre part un avertissement aux incrédules, qui les prévient qu'ils ne demeureront point impunis, si, méprisant la grâce de Christ, ils ont mieux aimé l'avoir pour juge que pour Sauveur, l'avoir comme hérault de condamnation, leur annonçant un jour leur mort éternelle, que comme messager de paix et de félicité éternelles.

« Celui qui croit en lui ne sera point condamné ; mais

celui qui ne croit pas est déjà condamné, parce qu'il n'a pas cru au nom du Fils unique de Dieu.» En répétant si souvent et avec tant d'insistance, que ceux qui croient sont en dehors de tout danger de mort et de tout assujettissement à la condamnation, notre Seigneur fait une solennelle sommation à ceux qui ferment leur cœur à la vraie foi; car il ajoute aussitôt: «Mais celui qui ne croit pas est déjà condamné, parce qu'il n'a pas cru au nom du Fils unique de Dieu.» Aucun autre remède n'ayant été donné aux hommes, par lequel il leur soit possible d'éviter la mort éternelle, dès lors à tous ceux qui rejettent la vie offerte en Jésus-Christ, il ne reste que la condamnation, la vie éternelle ne pouvant nous être appropriée que par la foi. «Celui qui ne croit pas est déjà condamné.» C'est un fait accompli déjà en principe. De même que la foi qui rend enfant de Dieu est déjà la vie, de même aussi l'impénitence et l'incrédulité qui éteignent la lumière de l'Évangile et qui rejettent le salut offert en Jésus-Christ, sont déjà la condamnation et la mort. L'Éternel notre Dieu, nous présentant en Jésus-Christ le Sauveur unique qui peut nous arracher à la condamnation et nous délivrer de la mort éternelle, ceux qui de propos délibéré le négligent, le refusent ou le méprisent, sont dès lors à jamais privés de toute ressource; car c'est en Jésus-Christ que Dieu s'est révélé aux hommes dans toute la plénitude de son amour; aussi celui qui ne croit pas en Jésus-Christ, celui qui ne croit pas au nom du Fils unique de Dieu, repousse la manifestation la plus évidente de l'amour divin, foule aux pieds le seul sacrifice efficace offert pour ses péchés.

Mais heureux, par contre, sont dès à présent ceux qui se donnent au Sauveur, car la félicité leur est assurée! Heureux sont dès à présent les morts qui meurent au Seigneur, car ils se reposent de leurs travaux et leurs œuvres les suivent. C'est ce qu'acclameront aussi en ce jour tous ceux qui ont connu la vie pleine de foi et de charité de notre cher défunt, chrétien fidèle, qui avait à cœur d'être un vivant témoin de l'amour du Sauveur. Le voilà délivré de ses souffrances et entré dans le repos des élus de Dieu. Sa vie terrestre est bien éteinte ; mais sa vie spirituelle s'épanouit maintenant auprès de celui qui est la résurrection et la vie.

Paix lui soit, à ce vétéran de Christ : son âme s'est envolée vers son Sauveur et vers son Dieu ! Amen !

Après ce discours, le service fut terminé par la prière, et le chœur des jeunes filles chanta encore les strophes suivantes :

> Pourquoi des cœurs chrétiens gémiraient-ils encore
> Sur ceux qui, dans l'exil comme nous dispersés,
> D'un jour consolateur ont vu briller l'aurore,
> Et que vers Canaan Dieu lui-même a poussés.
> Affranchis avant nous du mal qui nous dévore,
> Ils ne sont pas perdus, ils nous ont devancés.
>
> Puisse la même foi qui consola leur vie,
> Nous ouvrant les sentiers que leurs pas ont pressés,
> Diriger notre essor vers la sainte patrie,
> Où leur bonheur s'accroît de leurs travaux passés,
> Et rendre à notre amour ces cœurs dignes d'envie,
> Qui ne sont pas perdus, mais nous ont devancés !

Après la bénédiction, on se rendit au cimetière qui entoure l'église et où l'on avait préparé une tombe, dans le voisinage de celles de papa Oberlin, de son fils Henri Oberlin, de Louise Scheppler, de M. Luc Le Grand, père du défunt, de sa mère M^me Le Grand, de son épouse bien-aimée M^me Adèle Le Grand, décédée en 1842, et de son frère M. Frédéric Le Grand, que Dieu a rappelé à lui plus récemment, en 1857.

Au milieu du silence le plus profond et du recueillement général, M. Albert Matter, pasteur à Neuwiller, prononça les paroles suivantes :

La couronne que l'on aimerait déposer sur cette tombe, ce serait le simple récit des œuvres, des bonnes actions de notre vénérable ami, de ses luttes aussi, luttes parfois pénibles, mais toujours généreuses et persévérantes pour faire triompher le bien. Mais un scrupule nous arrête, nous qui sommes encore édifié de l'humilité sincère et vive avec laquelle, dans ses derniers jours, ce vieillard bien-aimé rejetait tout mérite et tout honneur, pour pouvoir mieux venir « comme un petit enfant, » disait-il, aux pieds de la croix de son Sauveur. Et ne serait-ce pas troubler la paix de cette tombe, que de faire retentir ici des éloges que Daniel Le Grand voudrait pouvoir arrêter? Du moins il nous sera permis de rappeler les tendances de cet homme de bien, le but qu'il entrevoyait, la tâche qu'il s'était proposée! Un tel retour sur son passé sera légitime, car nous y trouverons d'utiles enseignements à puiser, nous, qui ayant encore chacun une tâche à remplir, avons besoin de nous orienter et de chercher des directions pour notre activité de chaque jour.

M. Daniel Le Grand poursuivit pendant toute sa vie la même ligne de conduite et persévéra dans l'œuvre au milieu de laquelle M. Henri Oberlin le surprit, il y a plus de quarante ans.

En 1812, M. Henri Oberlin, faisant un voyage d'évangéliste dans le département du Haut-Rhin, trouva, dans une manufacture, à Saint-Morand, près d'Altkirch, un des chefs de l'établissement et sa sœur, donnant des leçons aux en-

fants de la fabrique. Ce chef était M. D. Le Grand. Le jeune
pasteur et le jeune industriel devaient se comprendre vite;
et quelques mois après, M. D. Le Grand, étant venu au
Ban-de-la-Roche, fut si touché de l'influence bénie exer-
cée par M. Oberlin père, qu'il décida son père et plusieurs
membres de sa famille à quitter Saint-Morand pour se
fixer à Fouday. En peu de temps, M. D. Le Grand s'associa
à l'activité sainte de M. Henri Oberlin, allant avec lui te-
nir de petites réunions d'édification dans les différents
villages du Ban-de-la-Roche, et ce fut en méditant l'Évangile dans des chaumières, que le jeune industriel parvint
à se dégager de l'esprit du dix-huitième siècle, dans lequel
il avait été élevé. Puis, lorsque son cœur fut affermi dans
la seule chose nécessaire, il eut occasion, dans un voyage
fait en Allemagne vers 1816, et notamment par un séjour
de plusieurs semaines dans la maison de Schleiermacher,
d'étendre l'horizon de ses idées et de ses affections; et
ainsi se développa en lui ce qui resta un des traits domi-
nants de son caractère, cette largeur avec laquelle il put
comprendre et apprécier ce qu'il y avait de vrai et de légitime dans des tendances et des sociétés diverses.

Revenu dans sa patrie, il put apporter un nouveau con-
tingent de forces et d'ardeur aux œuvres que MM. Oberlin,
père et fils, inspiraient et dirigeaient. Ce fut ainsi qu'il
prit part aux travaux préparatoires qui devaient donner
naissance à la Société biblique en 1818, et que, dans un
voyage entrepris dans ce but, notre ami parcourut la plus
grande partie de la France et alla nouer des liens de sainte
affection avec ces chrétiens vénérés, nos vétérans dans la
foi, qui sont, depuis peu, rappelés l'un après l'autre dans
les demeures éternelles. Il ne fallait rien moins que l'as-
cendant d'une piété éprouvée, pour obtenir de l'archevêque
de Bordeaux et de l'évêque d'Angoulême la permission
de répandre dans leurs diocèses une version catholique

du Nouveau Testament. Ce fut aussi de tout son cœur que
M. D. Le Grand s'associa aux premiers travaux de la Société
évangélique qui, alors, avait une autre mission et un
autre caractère que de nos jours.

Mais l'activité de notre ami devait s'étendre à d'autres
sphères encore. En 1826, le patriarche du Ban-de-la-
Roche était mort, laissant une immense tâche à continuer;
et ce n'était pas trop de plusieurs coopérateurs pour y
travailler. Tandis que M. et M^me Rauscher se consacraient
plus spécialement à l'œuvre intérieure d'édification et de
soulagement dans le Ban-de-la-Roche, M. D. Le Grand,
sans abandonner les travaux qu'il avait entrepris, recevait
une autre part de cet héritage spirituel. M. Oberlin s'était
intéressé à tous les progrès de la vie civile; il avait d'a-
bord travaillé à l'amélioration sociale de sa paroisse; puis,
à mesure que son nom grandissait, il se voyait mêlé à ce
beau mouvement philanthropique, qui se développait au
temps de la Restauration et qui donnait une généreuse
impulsion à toutes les bonnes institutions, salles d'asile,
écoles primaires, caisses d'épargnes, propagation des
bons livres, encouragement aux bonnes mœurs. M. Oberlin exerçait une grande influence dans ce mouvement et
l'on aimait à associer son nom à celui de Francklin. Mais
Oberlin avait un caractère bien différent du philanthrope
américain. Oberlin était le philanthrope chrétien, profondé-
ment convaincu qu'il y a solidarité entre l'Évangile et toutes
les améliorations sociales : grande vérité que l'on oublie trop
souvent pour cette division de travail qui se fait entre phi-
lanthropes, économistes et légistes. En effet, si dans ces différentes branches, l'activité parfois se ralentit, et si la sève
semble arrêtée, c'est que les branches sont séparées de
leur tronc naturel, de ce livre de Dieu qui leur donne la vérité et la vie. Toutefois, au temps de la Restauration, il y
avait un groupe nombreux d'hommes qui voulaient l'ac-

cord de la religion et de la vie civile. M. D. Le Grand était animé de la même pensée ; il aimait à redire cette maxime si belle et si vraie : « La civilisation d'un peuple, c'est sa foi, » et par ce mot « civilisation », il n'entendait pas seulement l'obéissance aux lois, mais une activité grande et riche à la fois, vivifiée et réglée par l'Évangile.

Ce fut surtout à partir de 1830 que M. D. Le Grand put être utile à son pays. Nous ne parlerons pas de ses travaux sur divers impôts et sur des sujets semblables. Mais il a attaché son nom à deux lois. L'une, qui est déjà faite, c'est la loi sur le travail des enfants dans les manufactures. Ai-je besoin de rappeler ces brochures écrites d'une chaumière des Vosges, et allant stimuler le zèle ou éclairer les scrupules des pairs et des députés ? Ai-je besoin de dire qu'à cette correspondance publique et imprimée devait nécessairement se joindre une correspondance privée de tous les jours, avec tous les hommes influents, pour discuter les chiffres, les principes, les objections de toute nature ? La deuxième loi est encore à faire. Ce sera un règlement international sur le travail industriel, pour prévenir ce que la rivalité entre différents peuples renferme de dangers pour les classes ouvrières. Ce fut en visitant, lors du congrès de Paris, les représentants des diverses puissances européennes et en travaillant au progrès de cette grande question, que notre vénérable ami contracta le germe de la maladie qui devait plus tard l'entraîner dans la tombe.

A côté de ces travaux d'utilité générale, il s'intéressait à toute bonne œuvre, à toute calamité publique, à toute misère cachée ; de près ou de loin, dès qu'il les apprenait, il cherchait à y apporter un soulagement. Vous le voyez, il s'était ainsi fait une tâche immense. Mais comment y suffisait-il ? Il simplifiait son travail, allait droit au but, s'adressait d'abord aux hommes les plus puissants. Il ne connaissait pas les hésitations de la timidité, parce qu'il n'était préoccupé que des grands intérêts qu'il voulait plaider, et nullement de sa personne. Et puis il ne savait pas ménager ses forces, son esprit, ses ressources ; il ne voulait pas apprendre à économiser. A mesure qu'il avançait en âge et en connaissance du monde, il découvrait sans cesse de nouvelles misères. Faut-il s'étonner si dans ces dernières années son activité fut dévorante ? Quand je songe à ce feu, je dirais presque à cette fièvre de bienfaisance, je ne puis retenir une pensée pénible. Certainement notre ami aurait pu être plus calme, il aurait cédé aux instances de ceux qui le suppliaient de ménager ses forces, s'il avait trouvé plus d'hommes animés d'un zèle semblable au sien ; mais il voyait tant de bien à faire et si peu d'ouvriers !

Depuis quelques années, les deux domaines que M. D. Le Grand aurait aimé voir unis, tendent de nouveau à se séparer, en partie par suite de méfiances réciproques ; c'est dire que cette séparation n'est pas un progrès. M. D. Le grand fut obligé de faire un choix, et tout en conservant de vives sympathies pour les questions sociales, il reporta la plus grande partie de son activité sur les questions religieuses, se proposant de consacrer les dernières années de sa vie à la question essentielle, vitale du christianisme : la divinité du Christ, et par conséquent l'union intime et constante du fidèle avec son Sauveur. Qui de nous pourrait dire quel amour, quelle candeur de convictions il apportait à ce travail, jamais content de ce qu'il avait écrit, sentant qu'il était resté au-dessous d'une tâche qu'il voyait si belle ? Toi seul, ô Jésus, toi qui juges mieux que nous et qui vois mieux que nous le bien au fond des cœurs, toi seul as le droit de louer et de dire : Cela va bien, bon et fidèle serviteur, entre dans la joie de ton Seigneur.

Voilà les différentes œuvres ou plutôt la grande œuvre

à laquelle notre ami s'était proposé de consacrer sa vie. Il n'y peut plus travailler ; et pourtant il y a beaucoup à faire. C'est à nous d'y travailler avec plus d'ardeur ; et la leçon que nous devrons emporter de cette tombe, c'est cette parole de l'apôtre : « Ne nous lassons pas de faire le bien. » Mais surtout que toute notre activité, dans les sphères les plus diverses, ait un but : l'avancement du règne de Dieu en Jésus-Christ.

Après le discours de **M. Matter**, **M.** le docteur Bedel, de Schirmeck, médecin et ami du défunt, lui adressa en ces termes un dernier adieu :

L'homme respectable que nous allons déposer ici dans la tombe, m'a honoré pendant plus de quarante ans de son estime et de son amitié. C'est à ce titre que j'ose me présenter ici pour lui adresser un dernier adieu.

Lorsque la Providence envoie sur la terre quelques-uns de ces hommes rares qu'elle a marqués d'un sceau privilégié, il semblerait que leur existence ne doit jamais finir. Mais Dieu seul est immortel. Tous, aujourd'hui ou demain, nous serons appelés à rendre compte de nos actions. Heureux celui qui, dans son passage sur la terre, a pu fidèlement remplir ses devoirs envers Dieu, envers sa patrie, envers sa famille et envers ses semblables. Pour lui, l'immortalité n'existe pas, mais sa mémoire est pieusement conservée et transmise de génération en génération, comme pour servir d'exemple à ceux qui viendront plus tard. Et qui, plus que toi, ô vénérable ami, a mérité ce témoignage ? Tu as professé ta foi avec fermeté, mais aussi avec cette douce tolérance, véritable apanage du chrétien philosophe. Tu as poursuivi sans relâche l'œuvre de civilisation, déjà si bien commencée par le sage Ober-

lin. Tu as importé dans nos montagnes une industrie nouvelle, qui a donné du pain à de nombreuses familles. Ta
charité a été inépuisable; ton cœur, plein de sentiments
affectueux, débordait sur tous ceux qui t'environnaient,
sans acception de culte ou de personnes.

Oui, ta carrière a été bien remplie et ton front est ceint
déjà de la couronne des élus. Nous allons déposer ta cendre
dans cette modeste enceinte; mais tu reposeras près de ce
vénérable pasteur, l'orgueil et la providence de ce vallon;
tu reposeras près de ton noble père, près de ta mère, de
ton frère, près de tous ceux que tu as aimés, près surtout de cette douce compagne, dont la trop courte existence a parfumé ta vie. Tu es heureux; et nous, nous res-
terons ici pour te pleurer et t'imiter, si Dieu nous en
donne la grâce !

Adieu ! Adieu !

Après le discours de M. Bedel, les jeunes filles des
écoles enfantines, fondées par M. Le Grand, chantèrent
en chœur les strophes suivantes :

> C'est toi, Jésus ! que recherche mon âme;
> A te trouver se bornent ses souhaits;
> C'est ton regard que sur moi je réclame :
> Rends-moi, Seigneur, rends-moi ta douce paix.
>
> Ta douce voix à moi se fit entendre;
> Elle m'apprit que tu m'as racheté,
> Et ton esprit à mon cœur fit comprendre
> Tout ton pouvoir, toute ta charité !

Lorsque ce chant fut terminé, les jeunes filles s'a-
vancèrent successivement près de la tombe où le cercueil avait été descendu et y jetèrent leurs couronnes,
comme dernier hommage de reconnaissance.

Puis M. Charles Cuvier, professeur à la faculté des lettres de Strasbourg, ami du défunt depuis trente-six ans, et qui avait été appelé à clore la cérémonie funèbre, prononça une prière de cœur et termina par ces paroles :

### Bien-aimés en Jésus-Christ,

En face de ce sépulcre ouvert, destiné à recevoir la dépouille mortelle de notre bienheureux frère, confessons la foi chrétienne, conformément à laquelle nous avons tous été baptisés, et sur laquelle repose à jamais notre éternelle espérance :

Je crois en Dieu, le Père tout-puissant, Créateur du ciel et de la terre ;

Je crois en Jésus-Christ, son Fils unique, notre Seigneur, qui a été conçu du Saint-Esprit et qui est né de la Vierge Marie ; il a souffert sous Ponce-Pilate ; il a été crucifié ; il est mort ; il a été enseveli ; il est descendu aux enfers ; le troisième jour, il est ressuscité des morts ; il est monté aux cieux ; il s'est assis à la droite de Dieu, le Père tout-puissant, et il viendra de là pour juger les vivants et les morts.

Je crois au Saint-Esprit, la sainte Église universelle, la communion des saints, la rémission des péchés, la résurrection de la chair et la vie éternelle. Amen.

Mais, dira quelqu'un, comment ressusciteront les morts? Insensé! le grain que tu sèmes ne prend point vie, s'il ne meurt auparavant, et le grain que tu sèmes n'est pas celui qui renaîtra ; mais Dieu lui donne le corps comme il lui plaît. Il en sera aussi de même à la résurrection des morts. Le corps est semé corruptible, il ressuscitera incorruptible ; il est semé méprisable, il ressuscitera glorieux ; il est semé infirme, il ressuscitera plein de force ; il est semé corps animal, il ressuscitera corps spirituel. — Alors cette parole de l'Écriture sera accomplie : La mort est engloutie pour toujours. O mort! où est ton aiguillon? O sépulcre ! où est ta victoire? Grâces à Dieu, qui nous a donné la victoire par notre Seigneur Jésus-Christ! C'est pourquoi, mes frères bien-aimés, soyez fermes, inébranlables, abondant toujours dans l'œuvre du Seigneur, sachant que votre travail ne sera pas vain auprès du Seigneur (1 Cor. XV).

Gloire soit au Père, au Fils, au Saint-Esprit, comme il était au commencement, comme il est maintenant, et comme il sera éternellement. Amen.

9 782019 325664